VENTE

du Mardi 16 Juin 1908

HOTEL DROUOT, SALLE 11

à 2 heures précises

Tableaux Modernes

et quelques anciens

AQUARELLES — DESSINS

Gravures et Eaux-fortes

Commissaire-Priseur :

Mᵉ André **COUTURIER**

Succr de Mᵉ Léon TUAL

Experts :

MM. J. CHAINE & SIMONSON

Paris, 1908.

I. Schiller, Imp. 15, Faubourg Montmartre, Paris.

CATALOGUE

Tableaux Modernes

et quelques anciens

AQUARELLES — DESSINS

Gravures et Eaux-fortes

dont la vente aura lieu

HOTEL DROUOT - SALLE N° 11

LE MARDI 16 JUIN 1908

à 2 heures précises

Mᵉ André COUTURIER
Commissaire - Priseur
Succʳ de Mᵉ Léon TUAL
56, rue de la Victoire

MM. J. CHAINE & SIMONSON
Experts
19, Rue de Caumartin

EXPOSITION PUBLIQUE

Le Lundi 15 Juin 1908, de 1 h. 1/2 à 5 h. 1/2

CONDITIONS DE LA VENTE
========================

Elle sera faite au comptant.

Les acquéreurs paieront *dix pour cent* en sus des prix d'adjudication.

L'exposition mettant le public à même de se rendre compte de l'état et de la nature des objets, aucune réclamation ne sera admise une fois l'adjudication prononcée.

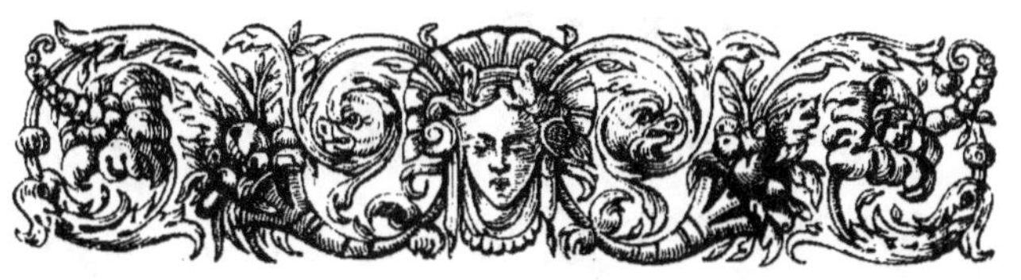

TABLEAUX

BENSON

1. *Venise, **Effet** de sirocco.*

BERTRAND, G.

2. *Portrait de femme.*

BJARNE

3. *Marine.*
4. *Marine.*

BILON, E.

5. *Animaux à l'abreuvoir.*

BONINGTON (Attribué à)

6. *Marine.*

BRENDEL, A.

7. *La Rentrée du Troupeau à la Bergerie.*

Signé à droite.

Bois : Hauteur, o.10. Largeur, o.20.

CAIN, G.

8. *Tête de femme.*

CALAMATTA, J.

9. *Portrait d'homme.*

Signé à droite. Daté 1845.

Toile : Hauteur, 1.01. Largeur, o.82.

CORRODI

10. *Au Couvent de Marsaba près Jéru-*
     salem. — Effet de lune.

Signé à gauche.

Toile : Hauteur, 2.33. Largeur, 1.27.

DERSUE

11. *Paysage.*

DOMMERSEN, P.-C.

12. *Vue de l'île de Walcherren, Hollande.*

DUEZ, E.

13. *Sur les Falaises de Villerville.*

DUMOULIN, L.

14. *Place Clichy.*
15. *Notre-Dame.*
16. *Le Pont de la Concorde.*

DUVERGER

17. *La Ménagère.*

ÉCOLE ALLEMANDE

18. *Portrait d'homme en costume rouge.*
Daté 1550.
Bois : Hauteur, 0.67. Largeur, 0.62.

ÉCOLE HOLLANDAISE

19. *Paysage*
Bois : Hauteur, 0.82. Largeur, 1.03.

ÉCOLE HOLLANDAISE

20. *Portrait de Cornelis Van Bere Stein.*

ÉCOLE ITALIENNE

21. *Paysage.*

ÉCOLE DE REMBRANDT

22. *Départ de l'Enfant prodigue.*
Toile : Hauteur, 1.22. Largeur, 0.99.

FONTENAY (de)

23. *Paysage en Suisse.*

FRÈRE, Th.

24. *Femme au Sérail.*

GEGERFELDT, W.

25. *Canal en Hollande l'hiver.*

GRITSENKO

26. *L'Escadre.*

JANET-LANGE

27. *Les Blessés.*

KOEKKOEK Junior

28. *Marine.*

LANDELLE

29. *La République.*

Signé à gauche.

Toile : Hauteur, 2.56. Largeur, 1.68.

LEWELLYN

30. *Portrait de femme.*

LUMINAIS

31. *Retour de Chasse.*

Signé à gauche.

Bois : Hauteur, o.46. Largeur, o.38.

LYNCH

32. *Au bord de la mer* (grisaille).

MACK, E.

33. *Napoléon I*er (Projet d'Affiche).

MARCHETTI

34. *Récits de Guerre*, couverture pour un ouvrage illustré.

MARILHAT, P.

35. *Mosquée en Egypte.*

Signé à droite.

Bois de forme ovale : Hauteur, o.35. Largeur, o.43.

MASSON, B.

36. *La Femme adultère.*

Signé à droite.

Toile : Hauteur, 2.36. Largeur, 1.36.

MATHEY, P.

37. *Portrait du Président Carnot.*

Signé à gauche.

Toile : Hauteur, 1.27. Largeur 0.87.

SAAF, E.

50. *Bords de rivière.*

SAINT-GERMIER

51. *Canal à Venise.*

Signé à droite.

Bois : Hauteur, o.56. Largeur, o.46

SANTORO, R.

52. *Environs de Naples.*
53. *Environs de Naples.*
54. *Un campanile à Rome.*

SERGENT

55. *Passage du Gué de la Tormès.*
56. *Charge de Guerilleros.*
57. *La rentrée avec les prisonniers.*
58. *Le déjeuner du Général.*
59. *La litière du Maréchal Marmont.*

STEFFANI

60. *Le Labour.*

STEWART

61. *Loges au théâtre.*

Signé à droite.

Bois : Hauteur, o.28. Largeur, o.42.

VIBERT, G.-J.

62. *Le Sellier en Espagne.*

Signé à droite. Daté 1873.

Toile : Hauteur, o.4o. Largeur, o.53.

INCONNUS

63. *Paysage.*

64. *L'Abreuvoir.*

65. *Le Déjeuner de l'Artiste.*

66. *Paysage.*

67. *Buste femme, Etude.*

68. *La Vierge et l'Enfant Jésus.*

69. *Portrait de Napoléon Ier.*

70. *Paysage et Animaux.*

71. *Portrait d'homme.*

72. *Portrait d'homme.*

73. *La Joconde, d'après Vinci L.*

74. *Etude de torse.*

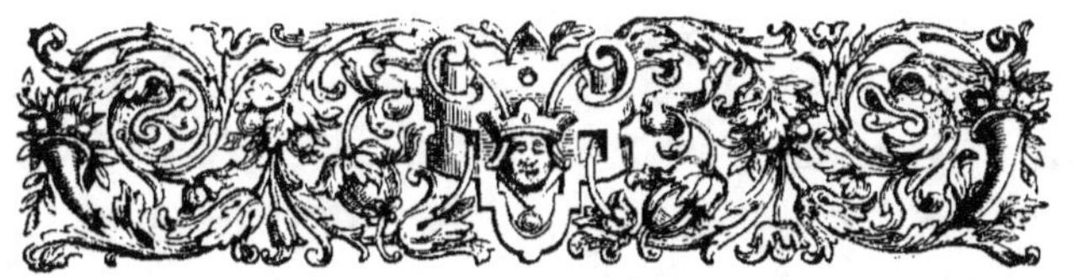

AQUARELLES

DESSINS, GRAVURES, EAUX-FORTES

ADELINE

75. *La Tour de Dordrecht.*
   Aquarelle.

ALLARD

76. *Bords de la Sèvre à Beaulieu, près Niort.*
   Fusain.

ARNAUD

77. D'après Velasquez.
   Aquarelle.

BOGOLUBOFF

78. *Venise.*

79. *Port de Fécamp.*

Aquarelles.

BOMBLED, Ch.

80. *Amazone au rendez-vous.*

Aquarelle.

BRUNEAU, A.

81. *Les Souris.*

Aquarelle.

82. **Deux dessins à la plume.**

83. *Laveuses.*

Aquarelle.

CALMELS, (H. de)

84. *Roses dans un vase.*

85. *Fleurs.*

86. *Fleurs.*

Aquarelles.

CHARLET (Attribué à)

87. *Soldat de la République.*

Dessin à la plume.

CHELMINSKI

88. *Amazone et cavaliers.*

Dessin à la plume.

CLOSSON

89. *Tête de vieille femme.*
90. *Paysage.*

Eaux-fortes.

CORTAZZO

91. *Napoléon III et la cour à Fontai-nebleau.*

Dessin à l'encre de Chine.

COUDER, A.

92. *Une Assemblée.*

Dessin au lavis.

COUTURE (Attribué à)

93. *Tête d'homme.*

Dessin au conté.

DAUMIER, H.

94. *Les bottes du vieux garçon.*

Dessin à la plume et au lavis.

DECAMPS

95. *La Mort et le Bûcheron.*

Dessin. — Signé des initiales à gauche.

Hauteur, o.22. Largeur, o.29.

DEHASPE, C.

96. *Un coq.*

97. *Une poule.*

98. *Une poule.*

99. *Poule et poussins.*

100. *Coq et escargot.*

101. *Poule et poussins.*

Aquarelles.

DELAROCHE, Paul

102. *L'Hémicycle,* recherches pour la peinture murale de l'Ecole des Beaux-Arts.

Dessin à la plume.

103. *Le duc d'Orléans régent.*

Dessin à la mine de plomb.

Signé à droite. Daté 1849.

DUBUFE, G.

104. *Danseuses.*

Aquarelle.

FILOSA

105. *Jeunes femmes dans un pré.*

Aquarelle.

FORMIGÉ, E.-M.

106. *Cavalier russe.*

107. *Fantassin russe.*

108. *Fruits et fleurs.*

109. *Pêches et raisins.*

Aquarelles.

GAVARNI (Attribué à)

110. *Portrait de femme.*

Dessin rehaussé.

GREUZE (Attribue à)

111. *Femme nue.*

Étude à la sanguine.

GUDIN

112. *Cavalier.*

Croquis.

GUESY DE SALAMEIL

113. *Tête de femme.*

114. *Portrait de femme.*

Pastels.

SCHLAICH

115. *Le pont de Conflans.*
116. *L'Entrée du Canal à la Bastille.*
117. *Le pont de Conflans.*
118. *L'Embarcadère.*
      Pastels.

HAAN (de)

119. *Portrait d'homme.*
      Fusain.

HARDY

120. *Combat naval.*
      Aquarelle.

HEILBUTH, F.

121. *Femme étendue au bord de l'eau.*
      Aquarelle.

JACQUEMART

122. *Deux personnages et un âne dans un pré.*
      Aquarelle. Signée à gauche. Datée 1879.

      Hauteur, 0.24. Largeur, 0.20.

LANÇON, A.

123. Deux cent vingt-cinq dessins ; Etudes d'animaux.
      Seront divisés en cinq lots.

124. Cent quatre-vingt-seize dessins ; sujets militaires.
      Seront divisés en quatre lots.

LORSAY

125   *Portrait de Mlle O. Valentin Debray.*
Dessin mine de plomb.

· MARIE, Adrien

126.   *Musiciens.*
Sépia.

MASSARD, L.

127.   *Un congrès sous Napoléon III.*
Dessin.

MASSON, H.

128.   *Le Patinage.* d'après Lancret.
Dessin.

MICHETTI

129.   *Portrait d'homme.*
Pastel.

MOLINARD

130.   *Picador.*
Dessin rehaussé d'aquarelle.

ORAZI

131.   *Toréador.*
Aquarelle.

OUDRY, G.

132.   *Cuirassier blessé.*
Aquarelle.

ROY, R.

141. *Breton.*
142. *Alsacienne*
   Dessins au crayon noir.

SAUNIER, Octave

143. *Faisans sous bois.*
   Aquarelle.

SCHLESINGER

144. *Italienne.*
   Aquarelle.

SERRA

145. *Pêcheur et pêcheuse ; Naples.*
   Aquarelle.

STEVENS, A.

146. *Femme à l'éventail.*
   Aquarelle.

TROOD, W.-H.

147. *L'Invasion.*
148. *L'Eviction.*
   Aquarelles.

VOUGA

149. *Camélias.*
   Aquarelle.

WATELET

150. *Paysage.*
Dessin rehaussé.

WULLIAM, C.

151. *Forte mer.*
Fusain.

INCONNUS

152. *L'Enterrement.*

153. *Cérémonie religieuse.*
Aquarelles.

154. *Tête de femme.*

155. *La Reine Victoria.*
Lithographies.

156. *Cheval de Course.*
Gravure coloriée.

157. *Réception.*
Photographie coloriée.

158. *Tête de jeune homme.*
Dessin.

159. *Paysage.*
Fusain.

---

160. Lot de cadres dorés.